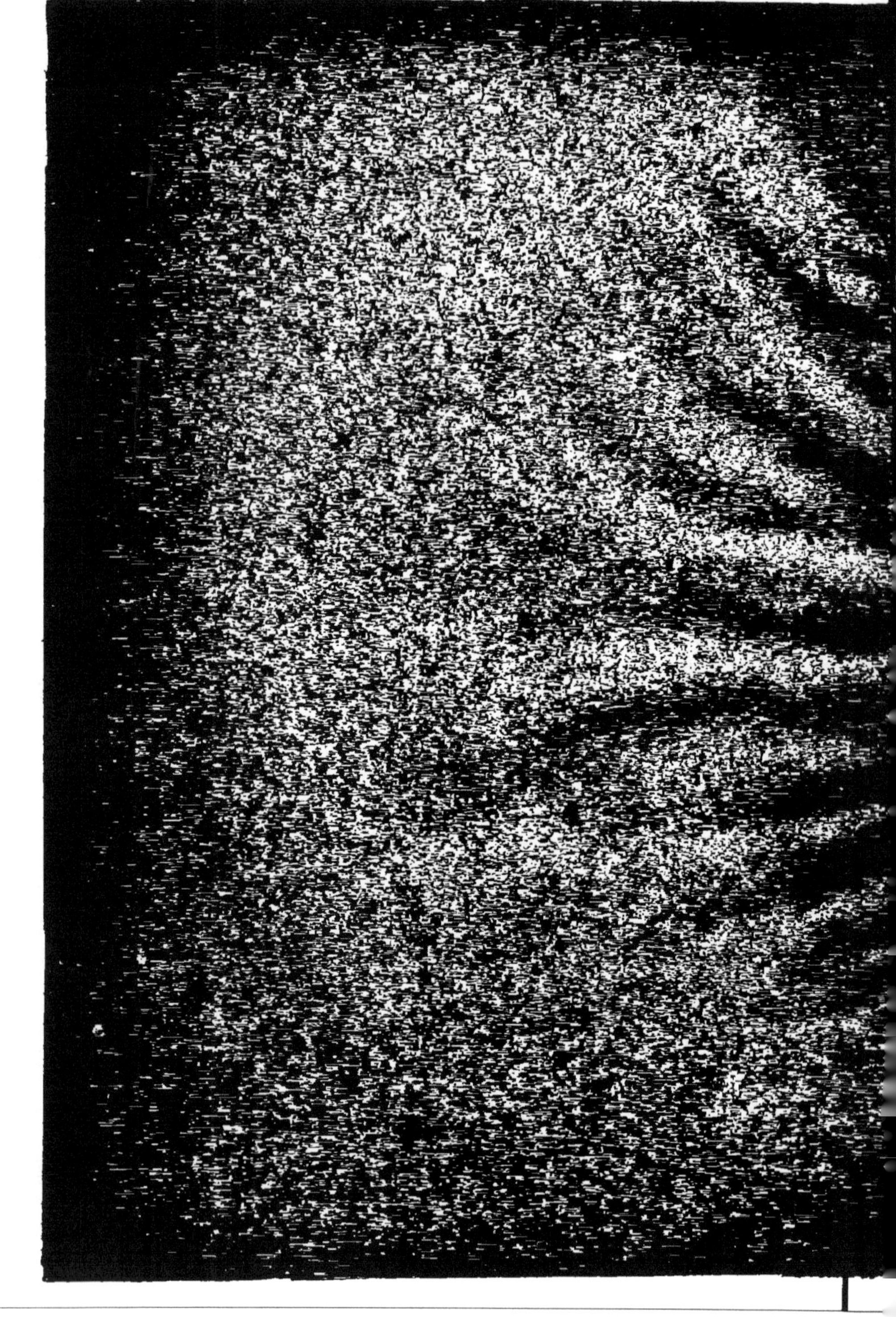

SAINT-EUTROPE.

SAINT-EUTROPE

PÉLERINAGE A SA CHAPELLE

PAROISSE DE VERFEIL-SUR-SEYE,

CANTON DE SAINT-ANTONIN,

DIOCÈSE DE MONTAUBAN.

La mémoire du
juste sera éternelle.
Ps. 111.

MONTAUBAN,

IMPRIMERIE FORESTIÉ, RUE DU VIEUX-PALAIS.

1882.

ÉVÊCHÉ
de
MONTAUBAN
—

Montauban, le 8 décembre 1929

Nous avons lu le travail de M. Desbons sur saint Eutrope et son pèlerinage dans la paroisse de Verfeil-sur-Seye.

Nous espérons que ce travail contribuera à la glorification du Saint et à la consolation de ceux qui viendront l'invoquer dans son sanctuaire.

Nous en permettons l'impression, sans toutefois entendre nous prononcer sur les faits merveilleux et les grâces particulières qui y sont racontés.

Nous prions Dieu bien volontiers qu'il daigne bénir ce travail, comme tout ce que les âmes de zèle entreprennent pour sa gloire.

DESARGUES,
Vicaire général capitulaire.

PRÉAMBULE.

Le culte de saint Eutrope, martyr
et premier évêque de Saintes, est
des plus répandus. On le trouve
établi en Italie, chez les Belges, dans
la plupart des localités catholiques
de la Hollande. En France, il n'est
guère de contrées où on ne lui ait
dédié quelque église, quelque chapelle. Il est peu de diocèses où sa
fête ne soit célébrée; dans plusieurs
même elle est l'occasion des pèlerinages les plus édifiants. Cependant
la vie de cet illustre martyr est géné-

ralement peu connue. On a recours à son intercession, on l'invoque avec confiance, grâce à lui on obtient chaque jour des faveurs signalées, et on ignore comment, lorsqu'il était sur la terrre, il s'est rendu digne de ce glorieux crédit que Dieu se plaît à lui accorder dans le Ciel.

Il m'a semblé que raconter brièvement sa vie ce serait le meilleur moyen de maintenir et même de répandre de plus en plus une dévotion qui peut attirer tant de grâces sur les populations chrétiennes.

Je dirai aussi quelques mots du pèlerinage qui a lieu dans notre contrée en l'honneur de ce grand saint.

Qu'il daigne prier Dieu de bénir ce modeste travail !

VIE DE SAINT-EUTROPE.

I. — Sa naissance et son éducation.

D'après une biographie fort ancienne, et qui a été imprimée à Saintes
en 1619, le père de saint Eutrope
était un roi réunissant sous son scep-
tre la Perse et l'ancienne Babylonie.
C'est à Babylone, séjour ordinaire
de la Cour, que notre saint vient
au monde; et à la joie qu'en cette
occasion les populations firent éclater
de toutes parts, on eût dit que par

un vague pressentiment, elles entre-
voyaient pour le nouveau-né comme
une mystérieuse grandeur tout-à-fait
à part.

Le Roi, de son côté, se promit de
ne rien négliger pour en faire un
prince accompli. Il lui donna les
maîtres les plus renommés, et le jeune
prince, grâce à l'activité merveilleuse
de son esprit et à sa rare pénétration,
semblait devancer en quelque sorte
leurs leçons. Bientôt aucune science
ne lui fut étrangère. L'étude de presque toutes les langues qui se parlaient
alors n'était qu'un jeu pour lui. Il
crut devoir s'appliquer surtout à
l'étude du grec, les ouvrages les plus
célèbres ayant tous été écrits ou
bien traduits en cette langue.

Remarquable d'ailleurs par sa no-
blesse et la beauté de ses traits; des
plus habiles dans tous les exercices

qui étaient en honneur parmi les grands; y excella même au point de n'avoir à redouter de rival ni à la Cour, ni dans la vie des camps; bon et affable envers tout le monde; d'une générosité inépuisable, mais toujours sans ostentation, parce qu'elle venait du cœur, Eutrope faisait l'admiration de tous ceux qui avaient le bonheur de le connaître. Le peuple l'idolâtrait.

Bien souvent cependant on lui voyait l'air rêveur et soucieux. D'anxieuses préoccupations assiégeaient son esprit. Il sentait son âme se révolter contre le sensualisme grossier, qu'il avait pourtant la douleur de voir consacré par la religion même dans laquelle il était élevé. Avec un sentiment d'inquiète curiosité il se demandait quelle était la véritable origine de l'homme, quelle était sa destinée..... et il avait beau lire et relire les ouvrages des philosophes qui avaient prétendu résoudre ces grands problèmes, leurs systèmes confus, contradictoires et presque tous des plus bizarres, loin de lui apporter la lumière qu'il demandait, ne servaient qu'à rendre les ténèbres encore plus épaisses à ses yeux. Il résolut de voyager pour s'assurer si chez les peuples qu'il visiterait il ne restait pas quelque vestige de traditions primitives que n'auraient pas dénaturées tous ces auteurs si vainement consultés par lui.

II. — Son voyage en Judée.

Notre saint avait entendu dire que le peuple hébreux était le dépositaire privilégié des traditions les plus anciennes et des enseignements les plus

sages. Aussi, crut-il devoir commen-
cer ses investigations de ce côté.

Le Roi, charmé de ce désir ardent
de s'instruire, s'empresse de consentir
au départ d'Eutrope, non toutefois,
sans avoir instamment recommandé
ce fils, si tendrement aimé, à tous
les dieux qui étaient adorés dans son
royaume.

Eutrope s'arrêta d'abord à Gadára
où Hérode-Antipas, tétrarque, c'est-
à-dire roi de la quatrième partie de
la Palestine, faisait ordinairement sa
résidence. Hérode, flatté de la visite
d'un tel hôte, lui fit le plus brillant
accueil; mais une Cour aussi dissolue
ne pouvait manquer de révolter l'âme
du jeune prince ; il s'empressa de
prendre congé du Roi, pour aller
visiter les autres villes de la Galilée.

Déjà le divin Sauveur faisait entendre ces sublimes prédications qui

allaient changer la face de l'univers.
Se mêlant aux foules qui suivaient
Jésus, de bourgade en bourgade,
pour le voir et l'écouter, Eutrope,
saisi d'étonnement et d'admiration,
ne perdait pas une de ses paroles. Il
se sentait comme transporté dans un
monde inconnu. Ces terribles ana-
thèmes contre l'orgueil humain, cette
touchante glorification des petits, des
pauvres, de l'esclave même, en un
mot de tous ceux qui jusque-là n'a-
vaient connu que les mépris ou les
dédains, ces consolantes promesses
qui, de chacune de nos larmes ou de
nos douleurs, nous faisaient autant
de titres à des récompenses éternelles,
ce précepte si nouveau de nous consi-
dérer et de nous aimer les uns les
autres, — tous, absolument tous, —
comme des frères, tout cela n'était-il
pas en contradiction avec ce que le

monde décorait alors des beaux noms
de dignité et de sagesse? Et pourtant,
bien qu'il fût né et qu'il eût vécu
dans un palais de roi, au milieu d'un
grand luxe, entouré de courtisans
aussi obséquieux que des esclaves,
Eutrope n'en acceptait pas moins
avec bonheur dans son cœur aimant
cette doctrine qui lui paraissait si
douce et si belle.

Il fut témoin de plusieurs grands
miracles opérés par le Sauveur; et,
tandis que les foules, ravies à la vue
de tant de merveilles, bénissaient à
haute voix le Dieu d'Israël d'avoir
donné à des hommes une telle puissance, lui qui ne connaissait encore
que les dieux de son pays, il les
remerciait avec attendrissement d'a-
voir envoyé dans le monde, pour le
régénérer, un mortel aussi admirable
par ses paroles et ses œuvres.

III. — Son retour à Babylone.

Cependant, le moment fixé pour son retour étant sur le point d'arriver, il dut se résigner à s'éloigner. Mais à Babylone, il ne cessait de songer à Jésus. Il ne savait plus parler que de lui au Roi, qu'il finit par gagner à son enthousiasme, aux grands de la Cour, à tous ceux qu'il voyait. Bientôt même, cette préoccupation incessante le plongea dans une profonde tristesse, et le Roi dut consentir à se séparer encore une fois de lui.

En chémin, Eutrope apprend que le Sauveur a quitté la Galilée et qu'il est aux environs de Jérusalem. C'est donc vers la ville sainte qu'il se dirige. Il y arrive quelques jours avant la solennité de Pâques, et peut assister à cette entrée triomphale dont l'Église célèbre tous les ans, au jour des *Rameaux,* le glorieux et touchant souvenir. Il mêle ses acclamations aux acclamations de la foule; il a même enfin le bonheur d'être présenté à Jésus par saint Philippe [1].

Et aussitôt il brûle de repartir, car il était impatient de faire connaître lui-même à son père le grand événement dont il est témoin. Ayant toujours vécu à une grande distance de la Palestine, il ne connaît pas assez les Scribes et les Pharisiens pour que la moindre appréhension puisse venir se mêler à la joie qu'il éprouve. Peut-être, sur la foi de cette

[1] On sait qu'en cette circonstance plusieurs gentils sollicitèrent et obtinrent la même faveur.

manifestation si imposante, se figure-t-il voir Jésus en possession de cette royauté, qui tant de fois, il s'en souvient, lui a été offerte par des foules attendries; et il tient sans doute à ce que tous les deux ensemble, son père et lui, ils puissent des premiers venir apporter à ce doux monarque leurs félicitations et leurs vœux !

Aussi comprend-on combien Eutrope dut être atterré et tout ce qu'il ressentit de douleur et d'indignation quand il connut à Babylone toutes les scènes déchirantes de la Passion ! Ce fut un véritable écrasement !

Par bonheur, arrivèrent bientôt, en même temps, les deux grandes nouvelles de la Résurrection et de l'Ascension du Sauveur. Il y a des transports de joie qui tuent; Eutrope crut que son cœur allait éclater !

Ses pressentiments ne l'avaient donc pas trompé!... Maintenant il pouvait adorer, il pouvait invoquer, en regardant le Ciel, celui qu'il avait tant admiré et aimé!...

Dès ce moment, sa vie ne fut en quelque sorte qu'une prière continuelle. Il ne cessait de conjurer le Sauveur de daigner hâter le jour où, par la grâce du saint baptême, il devait acquérir le droit de se dire à lui! tout à lui!...

Il savait que dans le saint partage du monde fait entre les apôtres, la Perse et la Babylonie étaient échues à saint Philippe et à saint Jude, mais il savait aussi qu'ils avaient à évangéliser auparavant des contrées fort éloignées. Il était à craindre que leur arrivée ne fut bien retardée.

En attendant, — pour ainsi dire

apôtre à force de zèle et d'amour, avant même d'être chrétien, — Eutrope s'efforçait plus que jamais de gagner les cœurs à Jésus-Christ.

Un jour, le Roi reçut des extrémités de la Perse une lettre de Baradach, qu'il y avait envoyé à la tête d'une forte armée, pour repousser les Indiens. Dans cette lettre, Baradach annonçait à son souverain que, grâce à la sainte intercession de deux apôtres, partis de Jérusalem au nom du Christ (ces deux apôtres étaient justement saint Jude et saint Philippe), il venait d'obtenir aux conditions les plus avantageuses, l'entière soumission de l'ennemi [1]. Il ajoutait

[1] Voir dans la *Vie des Saints* par le Père Giry, le chapitre où est raconté la vie de saint Philippe et de saint Jude.

qu'aussitôt un très grand nombre de Persans s'étaient empressés de demander le baptême, et qu'il avait lui aussi le bonheur d'être chrétien. Il terminait sa lettre en lui faisant savoir que déjà, à la tête de son armée, il reprenait le chemin de Babylone, amenant avec lui les deux saints apôtres.

Eutrope n'eût pas ressenti une joie plus vive à la lecture d'un message venu du Ciel !

IV. — Son baptême et son départ pour Rome.

Quelques semaines plus tard, on apprenait dans toutes les provinces de la Babylonie et de la Perse que le Roi, son fils le prince Eutrope, avec la plupart des grands de la Cour

avaient reçu solennellement le baptême; et presque aussitôt se répandit
une autre nouvelle qui excita partout
la plus douloureuse surprise; le fils
du Roi, qui promettait d'être, à son
tour, un roi si bon, et que l'on s'était
si bien habitué à aimer, venait de
renoncer tout-à-coup aux grandeurs
de ce monde et de partir pour Rome,
afin de se mettre à la disposition du
prince des apôtres.

Saint Pierre l'accueillit avec autant
de joie que de bonté. Il savait tout ce
qu'il fallait de foi vive, d'abnégation
et d'amour de Dieu, en un mot d'hé-
roïsme vraiment chrétien pour tra-
vailler à la conquête des âmes, et
jugeant Eutrope digne d'une aussi
auguste mission, il n'hésita pas à
l'adjoindre à la sainte phalange qu'il
avait déjà choisie pour aller évangéliser les Gaules.

V. — Saint Eutrope prêche l'Évangile.

La contrée qu'il avait assignée à saint Eutrope (elle a pris depuis le nom de Saintonge), faisait alors partie de la Gaule Celtique et était habitée par la tribu des *Santones*. Malheureusement, la ville principale, *Mediolanum Santonum* (depuis Sainte) était un des plus ardents foyers d'idolâtrie qu'il y eût dans les Gaules. C'est précisément ce qui décide notre Saint à y faire entendre ses premières prédications. Elles furent suivies de conversions assez nombreuses, mais presque aussitôt il se vit en présence des plus terribles résistances. Les prêtres des idoles avaient bien vite compris pourquoi leurs pauvres dieux étaient devenus tout-à-coup muets, et furieux, ils jurèrent de les venger.

Saint Eutrope, soudainement assailli par une bande de forcenés qu'ils ont soudoyés, se voit forcé de sortir de la ville : mais un saint apôtre tel que lui ne saurait se décourager. A une faible distance de Mediolanum, est une forêt ; malgré les blessures dont il est couvert, il parvient à se traîner jusques-là ; à l'aide de quelques branches sèches que le vent a fait tomber, il improvise une méchante cabane, — son unique asile, peut-être pour longtemps, — et chaque nuit, au péril de sa vie, il rentre dans la ville pour célébrer les saints mystères et s'efforcer de faire essuyer au démon quelques nouvelles défaites.

Il ne peut cependant s'empêcher d'être profondément désolé de l'aveuglement de ces malheureux idolâtres, et son humilité la lui faisant attribuer à l'insuffisance de son mérite, il se détermine à retourner à Rome, afin de puiser de nouvelles forces dans les conseils et surtout dans les prières du vicaire de Jésus-Christ.

VI. — Saint Eutrope, sacré évêque, revient à Mediolanum.

Il ignorait que saint Pierre avait fini sa vie par le supplice de la croix, comme son divin maître, et qu'à son tour, saint Luc et saint Clet, ses successeurs, avaient également déjà leur nom inscrit au glorieux catalogue des martyrs.

C'était saint Clément qui les avait remplacés. Il fallut peu de temps au pieux pontife pour se convaincre qu'Eutrope était un des plus dignes messagers de Jésus-Christ. Afin que sa parole eût plus d'autorité, il le sacra évêque, et le moment de la séparation venu, il s'attacha à relever sa confiance, en se portant garant de toutes les bénédictions que Dieu allait répandre sur ses nouveaux efforts.

Dieu, en effet, avait enfin daigné se laisser toucher par tant de supplications et de larmes. Il semblait que pendant l'absence du nouvel évêque, un souffle mystérieux de la grâce fût passé sur ces âmes obstinées.

C'est ce que se disaient en pleurant de joie, les chrétiens de Mediolanum, quand ils vinrent au-devant de leur pasteur bien-aimé; et dès le lendemain ces impressions si rassurantes se trouvèrent justifiées. Eutrope put remarquer que les païens étaient venus plus nombreux que jamais pour entendre ses prédications. Ils paraissaient émus; on voyait que la parole du Saint allait à leur cœur; et avant la fin de la journée la plupart d'entre eux demandèrent le baptême.

VII. — Conversion de sainte Eustelle et martyre de saint Eutrope.

Il y eut surtout une conversion qui produisit de toutes parts l'impression la plus profonde, la conversion d'Eustelle, fille du gouverneur du pays. Les plus indécis se sentaient entraînés par un aussi grand exemple.

Le saint évêque était heureux enfin! Il entrevoyait que tant de cœurs allaient s'unir au sien pour aimer et bénir le divin Sauveur !

Et cependant il savait bien de quel prix il allait avoir à payer cette sainte et magnifique victoire !

Le père d'Eustelle, furieux de voir sa fille abandonner le culte des dieux,

ne parlait partout que de ses terribles projets de vengeance.

Comme les chrétiens de Rome,
ceux de Mediolanum ne pouvaient
plus assister qu'en secret aux saints
mystères. Le palais de leur saint
évêque c'était toujours la chétive cabane dont j'ai déjà parlé. Le plus
souvent même il se voyait forcé
d'errer d'asile en asile.

Une nuit, tout seul, dans une
pauvre hütte presque en ruine, pros-
terné la face contre terre, il conjurait
Dieu de daigner l'accepter comme
victime et de lui accorder à ce prix
la conversion de ceux qui résistaient
encore.

Tout-à-coup un grand bruit de
pas se fait entendre; il comprend
que l'heure tant désirée de son martyre est venue; et aussitôt une troupe
de gens armés se jette sur lui. —

C'était le père d'Eustelle qui les avait envoyés. — En un instant son corps n'est qu'une plaie, et cependant s'efforçant encore d'élever ses bras ensanglantés vers le Ciel, il ne cesse de demander grâce pour ses bourreaux ! Frappé à la tête de deux coups de hache par un de ces misérables, il rendit enfin son âme sainte à Dieu.

C'était, selon Baronius, en 98; et l'on croit que le saint martyr avait environ quatre-vingts ans.

Dans un ouvrage écrit sur saint Eutrope, par un religieux Célestin, il est dit que saint Denis, dès qu'il eût appris la mort de ce saint évêque, s'empressa de l'annoncer au pape saint Anaclet, successeur de saint Clément, et de lui faire un récit détaillé de ce glorieux martyre.

Il savait bien quelle perte im-

mense venait de faire l'Église nais-
sante des Gaules !

VIII. — Sépulture de saint Eutrope.

Par les soins de sainte Eustelle et
des autres chrétiens de la Saintonge,
le corps de saint Eutrope avait été
déposé, selon l'usage d'alors, dans
un sarcophage de pierre, rempli de
terre ; et au bout de quelques mois,
à côté de ce tombeau, — déjà vénéré,
— on avait eu à en placer un autre,
renfermant les restes de la jeune
martyre.

Un peu plus tard, dès que le feu
des persécutions avait paru s'apaiser
dans cette contrée, on avait eu soin
de recueillir pieusement les reliques
de saint Eutrope et de sainte Eustelle
dans un coffret de plomb, de ren-
fermer ce coffret dans un tombeau

de pierre et d'élever au-dessus une petite église — assurément l'une des plus anciennes des Gaules.

Dieu n'a pas permis que ce saint trésor fût perdu pour nous.

Au VIe siècle, cette petite église, menaçant de tomber en ruine, fut remplacée par une autre beaucoup plus belle où eut solennellement lieu la translation des précieuses reliques.

Saint Grégoire de Tours, parlant de cette nouvelle église, raconte qu'elle fut consacrée par saint Pallade [1] assisté de deux abbés, et que la nuit suivante, ces deux abbés eurent le bonheur de voir venir à eux saint Eutrope, qui, après les avoir remerciés de leur pieuse intervention, leur

[1] Saint Pallade un des successeurs de saint Eutrope sur le siége épiscopal de Saintes.

fit remarquer la glorieuse cicatrice des deux blessures qui avaient consommé son martyre.

Dans la suite, avant que les Calvinistes ne s'emparassent de Saintes et n'en profanassent les églises ainsi que les saintes reliques qui s'y trouvaient, plusieurs ossements du corps de saint Eutrope furent portés à Vendôme et déposés dans l'église de la Sainte-Trinité, où ils attirèrent immédiatement un grand concours de peuple. On porta son chef à Bordeaux pour le mettre à l'abri des profanations sacriléges des hérétiques. Plus tard, — en 1601, — il fut rapporté à Saintes avec beaucoup de pompe et de solennité, ainsi que nous le trouvons dans un *Martyrologe des saints de France.*

Enfin, en 1843, la découverte du tombeau même où notre Saint avait été mis vers la fin du premier siècle, cette découverte, évènement considérable, même au point de vue archéologique, est venue tout-à-coup raviver dans les âmes le souvenir de cet illustre martyr et donner une nouvelle impulsion à son culte.

II.

Pèlerinage à la chapelle de saint Eutrope. — I. Origine du pèlerinage.

Je voudrais pouvoir dire à quelle époque et dans quelle circonstance a pris naissance dans nos contrées, dans la paroisse de Verfeil en particulier, cette dévotion si persistante au saint apôtre de la Saintonge. Malheureusement, il n'existe aucun document qui me permette de rien préciser à cet égard,

Ne se pourrait-il pas qu'elle remontât à la triste époque de l'invasion des peuples barbares ? Au milieu de tant de dévastations et de tant d'écroulements, les chrétiens avaient fini par ne plus rien espérer que de Dieu. De là, ce pieux empressement à se choisir dans le Ciel, pour patrons et intercesseurs, tous ceux d'entre les saints dont les œuvres et les miracles avaient eu le plus de retentissement; de là, ces incessants pèlerinages, souvent jusqu'aux pays les plus lointains. Qui sait donc si ce ne fut pas alors au récit ému de quelque pèlerin, traversant nos montagnes pour regagner son pays, que nos pères se décidèrent à se placer, comme lui, sous le patronage du glorieux martyr de Saintes, pour avoir part, eux aussi, à sa protection et à ses bienfaits?

Ce qui est parfaitement constaté

c'est que de temps immémorial, dans cette petite vallée d'Alzonne, il y a toujours eu quelque église, quelque oratoire où saint Eutrope a été honoré; c'est que, de temps immémorial, les pauvres, les malades, les affligés, tous ceux qui avaient quelque grâce à demander à Dieu, y sont venus pour implorer son assistance, et que bien souvent ils ont été exaucés.

Dans un travail intitulé : *Histoire et géographie du canton de Saint-Antonin*, se trouve un petit résumé historique que je suis heureux de pouvoir reproduire en entier à l'appui de ce que je viens de dire :

« Dans la vallée d'Alzonne, dit l'auteur de ce travail, à deux kilomètres de Verfeil, on remarque une chapelle qu'on dit avoir été bâtie en 1170, dédiée à saint Eutrope, apôtre de la Saintonge et premier évêque de Saintes. Cette chapelle faisait autrefois partie d'un monastère brûlé par les Albigeois et rétabli par Jean de Lavalette-Parisot [1], qui en fit une commanderie destinée à servir de retraite aux chevaliers de son ordre blessés dans les combats...

[1] Le grand-maître Jean de Lavalette-Parisot, l'héroïque défenseur de Malte contre toutes les forces navales de Soliman (en 1565). Plus d'une fois de son château de Cornusson il avait dû aller visiter le vieux monastère dédié à saint Eutrope. Peut-être même s'y était-il rendu comme pèlerin, pour implorer l'appui du saint martyr avant d'aller combattre les implacables ennemis de la croix. Dans tous les cas, un de ses frères, qui était abbé de Beaulieu, n'avait pu manquer de lui vanter le calme et l'air pur de la petite vallée. Le bon grand-maître savait même qu'au besoin ses chers blessés seraient suffisamment protégés par les deux châteaux-forts dont on aperçoit aujourd'hui les ruines imposantes au-dessus et au-dessous du village de Saint-Martial.

L'église de saint Eutrope, sécula-
risée en 1591, fut épargnée par les
Calvinistes, on ne sait trop comment. Depuis, elle tomba en ruine.
Deux sources auxquelles on attribue
des effets merveilles mêlaient jadis
leurs eaux dans un même bassin.
Aujourd'hui, l'une est dédiée à saint
Eutrope, et est renfermée dans l'en-
ceinte de l'église ; l'autre est consacrée à saint Eustelle, et est séparée
de la première par un ruisseau qui
coulait autrefois au-delà de la
prairie. »

En outre, d'après une tradition qui
n'est pas contestée, il y avait très
longtemps que la petite chapelle de
la vallée d'Alzonne était un lieu de
pèlerinage des plus fréquentés ; depuis
même qu'elle tombait presque en
ruine, quelques fidèles y venaient
encore.

II. — Rétablissement du pèlerinage.

Grâce à la généreuse initiative de M. l'abbé Solignac, ancien curé de Verfeil, la petite église de saint Eutrope est maintenant restaurée. En 1855 il n'hésita pas à la faire reconstruire en grande partie, et après y avoir attiré de nouveau les fidèles par ses pieuses exhortations, il obtint de Mgr Doney, alors évêque de Montauban, l'autorisation d'y célébrer la sainte messe et d'y faire toutes les cérémonies en usage dans les pèlerinages.

En apprenant la précieuse découverte du tombeau de saint Eutrope, beaucoup de paroisses qui invoquaient déjà comme patron le saint apôtre de la Saintonge avaient demandé et obtenu quelques parcelles de ses reliques. M. l'abbé Solignac tenait beaucoup trop à ce que sa chère petite église de la vallée d'Alzonne fût également en possession d'un si saint trésor pour ne pas solliciter la même faveur. En 1866 il eut le bonheur de recevoir de Saintes une relique de saint Eutrope [1]. L'année suivante Mgr Doney l'autorisait à l'exposer à la vénération des fidèles, et depuis elle est demeurée dans le sanctuaire, où chacun vient la baiser avec un pieux empressement.

C'est aussi M. l'abbé Solignac qui a fait construire à ses frais, à côté de l'église, le presbytère, dont un des murs, plus élevés que les autres, est un reste de l'ancien monastère.

Enfin c'est également au zèle de

[1] A cette relique était jointe l'attestation de Mgr Landriot.

ce vénérable prêtre, merveilleusement
secondé en cette occasion par la générosité des habitants de Verfeil, que
nous devons le rétablissement d'un
pèlerinage si cher à nos religieuses
populations.

Chaque année, le 30 avril, jour où
l'on célèbre solennellement la fête du
saint martyr, arrivent de toutes parts
de nombreux pèlerins; ils viennent
s'agenouiller dans la chapelle, et nul
ne se retire sans avoir pieusement
baisé la relique du saint. Plusieurs
emportent de l'eau de la fontaine qui
est dans la chapelle. On évalue à
plus de deux mille le nombre des
pèlerins qui viennent à saint Eutrope
le 30 avril.

Chaque jeudi des mois de mai et
de juin, le concours des fidèles est
aussi des plus considérables.

Rien d'édifiant comme de voir

arriver ces longues files de pèlerins, descendant par les divers sentiers de la montagne, précédés des curés de leurs paroisses, et chantant, avec un profond recueillement, des cantiques en l'honneur du saint qu'ils viennent invoquer.

Saint Eutrope a opéré de tous côtés, et dans tous les siècles, une infinité de miracles, — autant d'éclatantes constatations de la puissance de son intercession dans le Ciel. — La relation d'un très grand nombre de ces miracles se trouvait dans un manuscrit que les Pères Célestins de Paris conservaient dans leur bibliothèque.

Dans la petite vallée d'Alzonne aussi Dieu a daigné faire voir combien lui sont agréables les prières de son grand serviteur en faveur des habitants de notre contrée.

Je me borne à citer les miracles les plus connus :

1° Guérison de M. Moulin, père de Mlle Ernestine Moulin, qui habite Verfeil. Voici comment les choses se passèrent : Jean-Antoine Moulin, âgé de cinq ans environ, était perclus de ses jambes. Sa mère, qui avait entendu dire que des miracles s'étaient autrefois opérés à Saint-Eutrope, eut la pensée, un jour que son mari, médecin à Verfeil, était absent, de porter son fils à la chapelle, et de demander au saint sa guérison. Elle part pleine de confiance avec le jeune Moulin que l'on porte. Arrivée à la chapelle, elle fait asseoir l'enfant auprès d'elle, et elle se met à prier avec ferveur. « Maman, lui cria bientôt l'enfant, laissez-moi me lever! » et de fait il se leva; la prière de sa mère avait été exaucée. M. Moulin revint à pied de Saint-Eutrope à Verfeil ; il s'amusa tout le soir avec d'autres enfants, marchant et courant comme eux. Tout le monde put le voir. Son père, très étonné, en rentrant chez lui , fut forcé de reconnaître que la guérison de son fils était un miracle dû à saint Eutrope. Il n'y a pas un habitant de Verfeil qui ne connaisse ce fait.

2° Une femme de Saint-Antonin , nommée Anne Tabarly ou Bourdoncle, qui vit encore, se rendit à Saint-Eutrope, il y a quelques années. Elle avait un pied renversé et marchait péniblement. Elle invoqua le saint avec confiance et s'en retourna guérie. En reconnaissance elle laisse dans son testament un legs de 400 francs pour la chapelle.

3° Il y a sept à huit ans, une personne des environs de Rodez, vient le 3o avril à Saint-Eutrope; elle y fut guérie miraculeusement. Ses béquilles sont dans la chapelle comme un témoignage de sa guérison.

4° M. B..., curé de la paroisse de A..., anémique depuis plusieurs années, remis à plusieurs reprises, mais retombé aussi souvent, n'a eu recours en dernier ressort qu'à la protection de saint Eutrope. Sa confiance à ce saint était si grande, qu'il ne voulut pas user des secours de l'art. Il se rendit à pied à la chapelle du pèlerinage, au mois de mai 1881, y fit son offrande, y célébra la sainte messe et fut guéri le matin même. Il revint chez lui également à pied sans éprouver la

moindre fatigue, et depuis il va parfaitement bien.

Un membre de sa famille avait
obtenu précédemment la guérison
d'une tumeur qu'il avait à un
pied.

5° Au mois de juin 1881, une jeune
personne de la paroisse de Varen,
nommée Marie Robert, souffrant des
yeux depuis deux mois, a invoqué
saint Eutrope, et son mal a subi-
tement cessé.

Je ne dois pas oublier de dire que
dans le diocèse de Montauban d'autres paroisses se sont placées, comme
celle de Verfeil, sous le patronage
de saint Eutrope. Ce sont les paroisses de Caussade, de Montricoux,
de Lapenche, de Saint-Avit, de
Cagnac.....

III.

Exercices de dévotion en l'honneur de saint Eutrope.

On peut s'en servir pour une neuvaine. — On peut les faire au pèlerinage les jeudis de mai et de juin.

PREMIER EXERCICE.

Considération. — Saint Eutrope naquit au sein des ténèbres de l'idolâtrie. Dieu, qui avait des desseins particuliers sur lui, fit briller à ses yeux la lumière de la foi. Sensible à cette grâce, il y obéit aussitôt avec empressement et générosité. Dans toute la suite de sa vie il en fut reconnaissant au Seigneur.

Réflexion. — Nous sommes nés dans la foi catholique, apostolique, romaine, seule vraie, seule divine. Sommes-nous reconnaissants envers Dieu de ce grand bienfait?... Recevons-nous avec docilité les célestes clartés de sa grâce?... Savons-nous apprécier tout son prix?...

Prions saint Eutrope de nous faire aimer et pratiquer de plus en plus la religion. *Pater, Ave.*

Saint Eutrope, priez pour nous, afin que nous soyons rendus dignes des promesses de Jésus-Christ.

ORAISON.

O Dieu, qui voulez bien que nous honorions en ce jour saint Eutrope, votre martyr et votre évêque, accordez-nous, s'il vous plaît, de continuer à jouir des effets de sa protection. Par Jésus-Christ Notre Seigneur. Ainsi-soit-il.

DEUXIÈME EXERCICE.

Considération. — Saint Eutrope rencontre Notre Seigneur ; il est heureux de le voir ; il désire le voir encore ; il entreprend pour cela le voyage de la Judée. Il est témoin de ses miracles, et il s'attache à lui de tout son cœur.

Réflexion. — Nous avons Jésus-Christ tout près de nous ; il habite réellement dans nos églises. Allons-nous le visiter et l'adorer ?... L'aimons-nous comme nous devrions l'aimer ?...

Prions saint Eutrope de nous enseigner à aimer le Seigneur comme il l'aima lui-même. *Pater, Ave.* Comme au premier exercice.

TROISIÈME EXERCICE.

Considération. — Saint Eutrope reçoit le saint baptême ; il est tout aussitôt rempli de l'esprit de Dieu, et toute sa vie il correspond à la grâce divine, s'élevant ainsi de vertu en vertu.

Réflexion. — Nous aussi nous avons reçu la grâce du baptême... Nous conduisons-nous toujours en vrais chrétiens ?...

Prions saint Eutrope, et prenons la résolution de veiller à ce que nos pensées, nos désirs, nos paroles, nos actions, soient toutes pour la plus grande gloire de Dieu... *Pater, Ave.* Comme au premier exercice.

QUATRIÈME EXERCICE.

Considération. — Saint Eutrope renonce aux biens les plus attrayants du siècle ; il foule aux pieds les honneurs, et il laisse les plaisirs pour mener une vie de peines et de sacrifices...

Réflexion. — Ne sommes-nous pas trop attachés aux vanités de ce monde ?...

Prions saint Eutrope de nous obtenir de Dieu l'esprit de détachement, d'humilité et de sacrifice. *Pater, Ave.* Comme au premier exercice.

CINQUIÈME EXERCICE.

Considération. — Saint Eutrope suit Jésus dans le désert, et il a le bonheur de voir le miracle de la multiplication des pains...

Réflexion. — Notre Saint n'a eu que la figure. Nous, nous avons la réalité : Notre Seigneur par l'Eucharistie renouvelle chaque jour ce miracle. Y pensons-nous assez ?...

Prions saint Eutrope de nous obtenir de voir et de sentir tout ce que le Ciel nous offre dans l'Eucharistie, qui est vraiment l'abrégé des merveilles de Dieu. *Pater*, *Ave*. Comme au premier exercice.

SIXIÈME EXERCICE.

Considération. — Saint Eutrope prêche l'Évangile ; il parle de Jésus en apôtre qui ne craint rien. A sa voix les païens se convertissent.

Réflexion. — Nous entendons prêcher l'Évangile. Quels fruits en retirons-nous ?... Vivons-nous selon ses maximes divines ?... Ne négligeons-nous pas quelquefois nos devoirs religieux par respect humain ?...

Prions saint Eutrope de nous com-

muniquer son courage et son zèle...
Pater, Ave. Comme au premier
exercice.

SEPTIÈME EXERCICE.

Considération. — Saint Eutrope
est persécuté. On le chasse de Saintes,
mais il ne perd pas courage ; il conti-
nue de parler de Dieu à son peuple,
et il n'est rien qu'il n'entreprenne
pour faire connaître et aimer le
Seigneur.

Réflexion. — Comment nous com-
portons-nous envers nos ennemis ?...
Aimons-nous à entendre parler de
Dieu ?...
Prions saint Eutrope de nous obtenir de Dieu d'être forts dans les
combats que nous avons à soutenir, et
d'avoir toujours l'esprit de charité...

Pater, Ave. Comme au premier exercice.

HUITIÈME EXERCICE.

Considération. — Saint Eutrope finit sa vie par le martyre, et Dieu lui donne la récompense qu'il a méritée, les joies du Paradis...

Réflexion. — Le Ciel nous est promis. Faisons-nous quelque chose pour le mériter ? Supportons-nous avec patience les souffrances et les croix ?... Nous préparons-nous à une mort sainte ?...

Prions saint Eutrope de nous obtenir de Dieu la grâce de bien vivre et de bien mourir... *Pater, Ave.* Comme au premier exercice.

NEUVIÈME EXERCICE.

Considération. — Saint Eutrope mena sur la terre la vie la plus sainte...

Au Ciel il a reçu de Dieu le pouvoir de faire des miracles...

Réflexion. — Imitons-nous saint Eutrope ?... Travaillons-nous assez à nous sanctifier ?...

Prions saint Eutrope de nous aider à comprendre l'importance et le prix de la sanctification. *Pater, Ave.* Comme au premier exercice.

LITANIES
DE SAINT EUTROPE.

Seigneur, ayez pitié de nous.
Jésus-Christ, ayez pitié de nous.
Seigneur, ayez pitié de nous.
Jésus-Christ, écoutez-nous.
Jésus-Christ, exaucez-nous.
Dieu le Père, qui régnez dans les cieux, ayez
    pitié de nous.
Dieu le Fils, rédempteur du monde, ayez
    pitié de nous.
Dieu le Saint-Esprit, ayez pitié de nous.
Trinité sainte, qui êtes un seul Dieu, ayez
    pitié de nous.
Sainte Marie, mère de Dieu,
Saint Eutrope, apôtre de la Saintonge,
Saint Eutrope, bon pasteur, qui avez donné
    votre vie pour Jésus-Christ,
Saint Eutrope, conquérant des âmes et zélateur
    de leur salut,
Saint Eutrope, destructeur des idôles,

Saint Eutrope, fournaise du saint-amour,
Saint Eutrope, athlète du fils de Dieu,
Saint Eutrope, parfait modèle de pénitence,
Saint Eutrope, lumière de nos yeux,
Saint Eutrope, martyr invincible, qui avez soutenu la foi de nos pères,
Saint Eutrope, célèbre par vos miracles,
Saint Eutrope, qui nous avez donné l'exemple en mourant sur la croix,
Saint Eutrope, disciple favori de Jésus,
Saint Eutrope, vrai serviteur de Marie,
Saint Eutrope, dévoué à vos enfants,
Saint Eutrope, père tendre et compatissant, notre secours dans les peines qui nous accablent,
Saint Eutrope, notre protecteur et notre défenseur,
Saint Eutrope, notre intercesseur auprès de Dieu,
Saint Eutrope, notre père dans la foi et protecteur spécial de cette contrée,

                     Priez pour nous.

Doux Jésus, soyez nous propice,
Par les mérites de saint Eutrope, délivrez-nous Seigneur.

De tout mal,
De tout péché,
De la guerre, de la peste et de la famine,
De la mort éternelle,
Au jour du jugement,

                     Délivrez-nous Seigneur.

Tous pécheurs que nous sommes, nous vous
en prions, écoutez-nous.

Qu'il vous plaise de nous maintenir dans la foi
et d'allumer dans nos cœurs le feu du divin
amour, nous vous en prions,

Qu'il vous plaise de donner et conserver les
fruits de la terre, nous vous en prions,

Qu'il vous plaise de conserver ce pays sous la
protection de saint Eutrope, nous vous en
prions,

Qu'il vous plaise de nous accorder ce que nous
vous demandons par l'intercession de saint
Eutrope, nous vous en prions,

Nous vous prions de nous pardonner,

Fils de Dieu,

Agneau de Dieu, qui effacez les péchés du
monde, pardonnez-nous, Seigneur.

Agneau de Dieu, qui effacez les péchés du
monde, exaucez-nous.

Agneau de Dieu, qui effacez les péchés du
monde, ayez pitié de nous.

Saint Eutrope, priez pour nous, afin que nous
soyons rendus dignes des promesses de
Jésus-Christ.

ORAISON.

O Dieu, qui voulez bien que nous honorions
en ce jour saint Eutrope, votre martyr et votre
évêque, accordez-nous, s'il vous plaît, de continuer à jouir des effets de sa protection.

Par Jésus-Christ Notre-Seigneur, Ainsi-
soit-il.

A. M. D. G.

PRIÈRES

DE LA SAINTE MESSE.

Au commencement de la Messe.

Seigneur, faites-moi la grâce d'entrer dans les dispositions que vous demandez de moi pour vous offrir dignement avec le prêtre cet adorable sacrifice.

Au Confiteor.

Vous n'avez pas besoin de ma confession, ô mon Dieu ! Vous lisez dans mon cœur toutes mes iniquités. Je vous les confesse néanmoins à la face du ciel et de la terre. J'avoue que je vous ai offensé par pensées, par paroles et par actions; et je vous en demande très humblement pardon. Je suis résolu de mourir plutôt que de vous déplaire.

Le prêtre montant à l'autel.

Le prêtre s'approche de votre autel, ô mon Dieu! pour nous réconcilier avec vous. Détruisez par votre bonté tous les obstacles qui pourraient retarder cette réconciliation.

Au Kyrie eleison.

Ayez pitié de moi, Seigneur, ayez pitié de moi; et quand je vous dirais tous les jours et à tous les moments de ma vie: ayez pitié de moi, ce ne serait pas encore assez pour le nombre de mes péchés.

Aux Oraisons.

O mon Sauveur, combien de fois ne vous ai-je pas trahi par mes péchés! Je viens à vous pour implorer votre miséricorde.

A l'Épître.

Vos saintes écritures nous apprennent, ô mon Dieu, que celui qui ne vous aime pas sera condamné à des peines éternelles ; que nous devons nous aimer les uns les autres; que nous ne serons pas glorifiés avec Jésus-Christ, si nous ne souffrons pas avec lui. Imprimez, Seigneur, ces vérités dans nos cœurs : faites-nous la grâce de nous y conformer.

Pendant l'Évangile.

Vous nous apprenez, Seigneur, dans votre Évangile, que celui qui veut être votre disciple doit renoncer à soi-même; porter sa croix et vous suivre; que, pour obtenir la vie éternelle, il faut garder tous vos commandements. Je crois, mon Dieu, toutes ces vérités.

A l'Offertoire.

Recevez, ô mon Dieu! cette hostie et ce calice qui doivent être changés au corps et au sang de Jésus-Christ, votre Fils.

A l'Orate fratres.

Recevez, Seigneur, ce sacrifice que nous vous offrons par les mains du prêtre, pour notre utilité particulière et pour celle de l'Église.

A la Préface.

Il est temps, ô mon âme, de nous élever au-dessus de toutes les choses d'ici-bas. Attirez, Seigneur, nos cœurs jusqu'à vous.

Saint, saint, saint, est le Dieu que nous adorons, le Dieu des armées.

Avant la Consécration.

Ce qui se passe sur l'autel, ô mon Sauveur ! me représente ce qui s'est passé sur le Calvaire. La foi m'apprend que c'est moi qui en suis la cause. Oui, Seigneur, ce sont mes péchés qui vous ont immolé à la justice de votre Père.

A l'Élévation.

O Jésus, mon Sauveur ! vrai Dieu et vrai homme, je crois que vous êtes réellement présent dans la sainte hostie, et je vous y adore. O précieux sang répandu pour la rémission de mes péchés, je vous adore.

Au Pater.

Quoique je ne sois qu'une misérable créature, cependant, mon Dieu, je prends la liberté de vous appeler mon Père. Vous le voulez, Seigneur, faites-moi donc la grâce que je ne me rende pas indigne de la qualité de votre enfant. Régnez absolument dans mon cœur, afin que j'accomplisse votre volonté sur la terre, comme les saints la font dans le Ciel.

A l'Agnus Dei.

Agneau de Dieu, qui effacez les péchés du monde, ayez pitié de nous. *Trois fois.*

Au Domine non sum dignus.

Seigneur, je ne suis pas digne que vous entriez en moi ; dites seulement une parole, et mon âme sera guérie. *Trois fois.*

A la Communion.

Non, mon Dieu, je ne suis pas digne que vous entriez en moi. Que n'ai-je assez de pureté pour vous recevoir tous les jours ! Mais puisque mes péchés et les embarras de cette vie m'en empêchent, souffrez au moins que je vous reçoive d'esprit et de cœur.

A la Bénédiction.

Sainte et adorable Trinité, nous vous remercions de la grâce que vous nous avez faite. Daignez avoir pour agréable le sacrifice que nous venons de vous offrir.

www.ingramcontent.com/pod-product-compliance
Ingram Content Group UK Ltd.
Pitfield, Milton Keynes, MK11 3LW, UK
UKHW022138070726
13613UKWH00003B/1372